EL ENIGMA DEL JARDÍN ORIENTAL

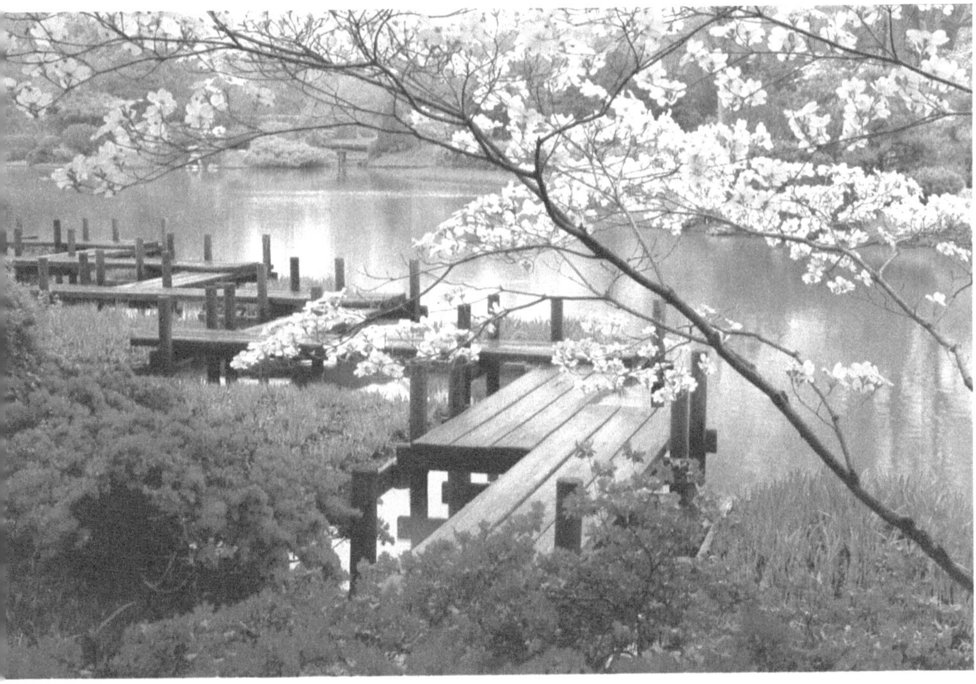

Ignacio Javier Herrera Martín

2ª Edición

A Clara e Inma, sin cuya ayuda nunca habría escrito este libro

«Mis bambúes no tienen secciones, qué hay de extraño en ello? Son bambúes nacidos en mi corazón, y no de esos que los ojos tan sólo miran desde fuera»

Su Dongpo (1036-1101)

ÍNDICE

RESUMEN

Este ensayo pone de manifiesto el universo conceptual y filosófico que subyace detrás de los aspectos meramente formales de la jardinería china.

En él defenderé la hipótesis de que el jardín chino, tal como lo entendemos en Occidente desde el siglo XVIII, no debe sus características tanto a motivos técnicos, medioambientales, de gusto o de moda, cuanto a la propia estructura de la mentalidad china, expresada a través de sus creencias, mitos y posicionamientos filosóficos.

En definitiva, que existe una relación unívoca entre la jardinería china y la mentalidad china, que harían prácticamente imposible el nacimiento de la una sin la existencia de la otra.

El libro se centra por tanto en una descripción somera de la mentalidad oriental en su primera parte, haciendo hincapié en sus diferencias con la occidental, para analizar bajo esa perspectiva elj ardín chino a continuación.

INTRODUCCIÓN

En Occidente las primeras noticias sobre el jardín chino se deben a las misiones de los jesuitas. Una temprana descripción se encuentra en la correspondencia epistolar de Luis Le Comte (1655-1728).

Sir William Chambers, arquitecto paisajista inglés del siglo XVIII, en su *Dissertation on Oriental Gardens*, 1772, ensalza las obras de la jardinería china.

Introduce en ocasiones extractos que no concuerdan con la realidad de los jardines chinos, por lo que la obra debe ser interpretada como un texto que hace referencia al paisaje inglés a través de lo chino y no como una descripción. Su objetivo último era enriquecer los jardines ingleses ("meras ciudades de verdura") con las enseñanzas del jardín chino.

En dicha obra existe una referencia por parte del autor a determinados elementos que son en realidad de origen asiático, como el diseño en torno a un elemento de agua generador, el trazado de caminos curvos y perspectivas estudiadas, y, sobre todo, la composición pictórica a través de escenas, entendida como motor para la generación de sensaciones en el visitante.

Los viajes a China motivaron también una mayor pasión por la botánica y el estudio de las especies vegetales, valoradas por su exotismo y por la dificultad que suponía su adquisición.

Es de gran importancia la traslación a Europa del disfrute del jardín como meros observadores, buscando por tanto un jardín de sensaciones, mediante la disposición de las escenas.

En este sentido las escenas del jardín eran capaces de despertar sentimientos en el espectador frente a los insípidos paisajes que tanto criticaba.

China era el modelo, una excusa para una idea que iba mucho más allá del paisajismo.
Desde entonces, la jardinería china ha continuado fascinando a multitud de occidentales y ha sido imitada en numerosas ocasiones en suelo europeo.

Pero la mayor parte de las obras y reflexiones que se encuentran en la literatutara técnica sobre el tema suelen hacer hincapié en los aspectos más formales de la cuestión, en las diversas tipologías y técnicas utilizadas para conseguir jardines similares a los de China, sin llegar a profundizar y, en muchos casos a comprender la significación profunda que subyace detrás de ese universo formal, íntimamente relacionada con la estética y la filosofía.

El propósito de este pequeño trabajo, consiste en poner de relieve de forma concisa las concepciones filosóficas que sustentan lo que formalmente entendemos como jardines chinos.

EL SENTIDO DE LO RELIGIOSO EN ORIENTE

Las relaciones culturales y los contrastes de mentalidad entre Oriente y Occidente suelen estar vinculados a tópicos y a modas, pero no es menos cierto que existe una diferencia de arquetipos entre los dos mundos.

La mentalidad occidental es analítica, diferencial, inductiva, individualista, objetiva, científica, generalizadora, impersonal, legalista, organizadora, impositiva…
La mentalidad oriental en cambio es sintética, totalizadora, integradora, no selectiva, deductiva, afectiva, subjetiva, espiritualmente individualista y socialmente dirigida al grupo…

Las religiones orientales priman el silencio frente a la palabra, el retorno al origen eterno frente a la temporalidad , la fluctuación y la alternancia de polos en vez de la no contradicción...

Con demasiada frecuencia las instituciones y las teologías duran más que la transmisión de los estados originales que las generaron. Sin estas experiencias vivas, las instituciones son inútiles y las teologías están vacías.
En China −donde la verdad es más ética que propiamente conceptual− el pensamiento no tiene sentido sino es en relación directa con la acción.

Hay un fuerte afán de armonía con el universo y para conseguirlo debe potenciarse la propia naturaleza humana, donde la elaboración intelectual sólo es un ingrediente entre otros.

Desde otra perspectiva, destaca lo que podría llamarse un inmanentismo global plasmado en la estrecha relación entre el espíritu y las sensaciones, lo que desemboca en un saber estético donde lo inefable se invoca mejor con las artes y las letras. Se diría, en general, que la forma de abrirse a lo sagrado pasa por el cultivo de un estilo de vida que provoque un ensanchamiento de la conciencia.

Las ideas sobre el mundo y sobre uno mismo, que son convenciones sociales o instituciones, no deben confundirse con la realidad.
La clave acaso esté en no tomar demasiado en serio una ficción útil, que incluye al propio "yo". La desidentificación y en cierto sentido el humor como primera terapia, al menos para desdramatizar la existencia. Y es que lo Otro no cabe en un sí mismo estrecho y alienado, obsesionado con su propia vida o inconsciente de la misma.

Buena parte de la religiosidad oriental parte de una negación de toda doctrina, pero no para destruir sino para rebasar y dejar atrás cualquier construcción simbólica, por noble que sea.
Sea el Sunyata budista, el Tao innombrable en China o el Brahma oculto, siempre alienta
bajo esos nombres una total «desnudez, vaciedad, espiritualidad, autosubsistencia,
independencia y poder creador.

Cabe aludir a un hecho histórico y cultural harto revelador: en el chino antiguo, a diferencia de las lenguas indoeuropeas, no existe el verbo ser como predicado, al igual que tampoco hay distinción sujeto–verbo, de género, número, conjugación, etc., entre otras cosas porque lo real es puro proceso en permanente desarrollo y constitución .

Por eso los ideogramas son imágenes empíricas que se iluminan entre sí en cada caso y situación para lograr un significado particular. Esta toma de postura reacia a lo abstracto no se debe a una incapacidad teórica –desmentida sobradamente por la riqueza del pensamiento chino–, sino a un «pasar de largo».

Despertar consiste en sobrepasar esa retícula de símbolos, categorías, normas, etc., y dejar paso al silencio que propicia la aparición de lo indecible.
Todo se concentra en el adagio que dice: sabiduría es ver que la forma es vacío, y compasión es ver que el vacío es forma.

Vayamos a Japón. No es sólo que no hubiera ningún dios allí, como afirmaba perplejo san Francisco Javier respecto a las nueve grandes sectas que encontró en el siglo XVI, ni que faltara toda referencia a la creación o las almas, sino que no había lugar para presupuesto lógico u ontológico de ninguna índole .

El zen se diferencia de todos los demás ejercicios de meditación filosófica y religiosa por su falta de presupuestos ya por principio. Incluso el propio Buda es estrictamente rechazado con frecuencia, en cuanto es una imagen objetivada, sólo doctrinal o utilitaria como guía. Hay que llegar hasta el final en el despojamiento, parece decirse, luego ni el yo ni sus convicciones o creencias deben mantenerse.

Al final la cuestión de si Dios existe o no carece de importancia porque está mal planteada desde el principio: es antropomórfica, por mucho que se afine, y además la única revelación auténtica es la experiencia iluminativa.

Para el pensamiento filosófico y religioso hindú la creación ex nihilo es sencillamente inconcebible: «Para la mentalidad índica nada sale de la nada, sino que todo cuanto existe, o es Algo eterno, o una fase, aspecto, modalidad, expresión o manifestación de ese Algo eterno.

Ser consciente de esa identidad última y vivirla es iluminarse y despertar, lo que implica remontar el mundo de los fenómenos, mudable y prolijo, hasta llegar a su origen…interno y no externo o ajeno. No se puede cosificar ni antropomorfizar, es lo que es y somos en ello.

Brahma, es lo divino o expresión de lo absoluto. Atman es el «aliento» eterno expresado en el individuo temporal.

Para el hinduismo, tanto visnuita como sivaíta, no cabe la imagen de una divinidad que juzga
y castiga, pues sería tanto como condenarse a sí misma. El dolor es inherente a la vida siempre por ceguera e incomprensión, además de por la aparente finitud, y se particulariza según los actos de
cada cual y sus consecuencias (karma), pero nunca se atribuye al destino inexorable, a la sola culpa moral de un sujeto.

Es fácil ver algunos paralelismos, por otro lado, con el Tao chino y su virtud De (Te: energía, eficacia del Tao), pues el primero engendra los seres y la segunda los nutre y modela, vivificándolos . En este sentido, se ha dicho que «El Tao es el Brahman y el Te, el Atman (alma universal).

Ni el Tao ni el sabio que lo encarna conscientemente tienen deseos ni propósitos, sólo dejan que fluya su naturaleza sin ataduras ni impedimentos, y eso se llama la no-acción (wu wei) o la no intervención.

La semántica, en fin, de Tao y Brahma es muy clara cuando indica que es aquello apersonal (ni personal ni impersonal) que se despliega y crece sin intención ni cálculo, pura plenitud y variedad ontológica sin principio ni fin. Justo al revés que la etimología de maya que da lugar a palabras como medida, metro, lo construido y planificado, lo que clasifica, lo que diferencia formas.

Desde otro ángulo, tampoco hay providencia ni teodicea o justificación de Dios ante el mal, al igual que falta un sentido moral o escatológico de lo existente pues no es necesario en este nivel profundo sin sujeto, principio ni fin. Por el contrario, hay plena confianza en el curso natural de las cosas.

No es cuestión de optimismo o pesimismo, ni de adoptar cualquier emoción, idea o actitud semejante, sino de sintonizar con lo que es y reconocerse en ello.

La visión de la naturaleza va desde el rango secundario que tiene en el misticismo hindú hasta el protagonismo que adquiere en el extremo oriente. Pero hay una excepción en la India, y es la gran corriente del shivaísmo que integra al máximo (como el tantrismo) los elementos naturales con lo absoluto: El principio del Shivaísmo es que nada existe en el universo que no forme parte del cuerpo divino.

No hay que huir del mundo porque implicaría despreciarlo y menos aún renegar de la propia humanidad en cualquiera de sus aspectos –por dolorosa que llegue a ser la existencia–, pues se habrá cerrado la puerta de acceso a lo divino que late en el interior de todo ello. Huelga decir que no hay idolatría, a propósito de tener en consideración cualquier cosa o individuo, más bien se trata de apreciar en cada uno el impulso de vida plena que lo alienta y su conexión con el todo.

La represión de algunos aspectos de la propia vida considerados bajos o sucios conduce al trastorno y, paradójicamente, a la pérdida del dominio profundo de uno mismo.

China y Japón conceden también gran peso a lo natural, pero de modo más sosegado.
En el primer caso la unidad que busca el pensamiento chino a lo largo de su evolución es la del soplo (qi), influjo o energía vital que anima al universo entero.
Ni por encima, ni fuera, sino en la vida, el pensamiento es la corriente misma de la vida. Dado que toda realidad, física o mental, es energía vital, la mente no funciona independientemente del cuerpo.

Esta cohesión orgánica del universo y de los individuos –opuesta a cualquier dualismo– se plasma en toda clase de actividades. Todo lo vivo muta y se transforma, oscila entre lo implícito y lo explícito, lo oculto y lo manifiesto, a su vez regido por el yin y el yang, luego la sabiduría consiste en adaptarse a ello y fluir según el propio Tao.

El ser humano está capacitado para descifrar las claves del universo, pues él es el nexo de los planos celeste y terrestre: he aquí la raíz del profundo humanismo chino.
Desantropomorfizado, lo sagrado es más fácil encajar con el puesto de mediador que se atribuye al hombre, en tanto que participa de la misma sustancia que el cielo y la tierra.

Japón sigue un camino similar, al considerar todo fenómeno como divino.
Sin embargo, no hay idea de Dios o de absoluto único, sino pluralidad de dioses (kami) que, junto a los hombres, conforman funcionalmente el orden global.

La persona tiene una deuda con el universo y con la sociedad; una deuda que salda participando en su desarrollo. Su naturaleza original es la misma que la del mundo. Su realización es apertura al mundo. Para lo cual la persona tiene que pasar, en términos respectivamente budistas, confucionistas y sintoístas, de la ignorancia a la consciencia, del egoísmo a la simpatía, de la impureza a la pureza.

Son tres formas diferentes de realizar la filiación íntima con el Todo y coexisten sin conflicto en la cultura japonesa.

En Oriente parece haber mayor tolerancia respecto a la opción elegida –incluso es normal tener dos o más creencias/prácticas y complementarlas– porque lo importante es el resultado liberador.

Sin llegar a la iluminación –algo gratuito y nunca instrumentalizable– cabe crecer y mejorar por tanto la calidad espiritual de la existencia en distintos registros, para lo cual prestan servicios los preceptos morales, pragmáticos o ascéticos, de organización socio-política, etc.

Pero nada es tan decisivo como las diferentes técnicas de meditación, es decir, los ejercicios habituales de concentración, respiratorios, de movimiento..., o el cultivo de las artes apropiadas.

Los mandatos éticos son útiles y convenientes, sin duda, pero lo religioso no debe reducirse a ellos en ningún caso.

La persona es responsable de las consecuencias profundas de sus actos (karma), de los beneficios o problemas que le acarrean, lo que incluye el trato que da a los otros y a sí mismo.

Es fácil –dando un salto– observar en el Zen el mismo énfasis en la experiencia.

El Zen acentúa extraordinariamente este fundamento empírico, y sobre él construye o monta todo el andamiaje conceptual a base de la expresión literaria que se ha transmitido como "sentencias o dichos". El Zen tiene confianza incondicional en la realidad íntima del ser humano. Toda autoridad en el Zen procede del interior.

Desde otra perspectiva, el verdadero conocimiento no es espejo de algo, sino identificación con ello. «Aquel que conoce el Brahman Supremo se convierte en Brahman» dice Suzuki.
Este enfoque hace que el Zen sea compatible con cualquier creencia religiosa, sin identificarse con ninguna.

El autoconocimiento o despertar del Yo, es una experiencia transformadora, indescriptible, y no es posible decir más sin desvirtuarla, salvo poéticamente quizá.
La unión de dios y hombre significa el camino por el cual retorno a mí mismo.
Diríase que después de un largo y duro rodeo por las tribulaciones de la vida, el ser humano vuelve a su hogar ontológico gracias a un conocimiento metarracional (la no mente): es consciente de su hermandad con todo lo que existe, participa del orden y la armonía del universo, tiene en su interior las claves divinas de lo real.

La liberación conduce a una vivencia relajada, llana, espontánea e intensa a la par: lo que se llama naturalidad, que no supone hacer algo extraordinario o retirarse del mundo, sino vivir cotidianamente con plenitud y sin temor alguno.
No importa el qué, sino el cómo, esto es, la calidad de la experiencia, por eso de refieren a ello como "el Tao de todos los días".

El practicante zen es despreocupado, a veces aparece en los textos como un vagabundo o un individuo casi absurdo, incluso loco, pero siempre libre y a menudo jovial. Todo ello puede causar perplejidad y hasta burla en el observador, pero el zen (y en menor medida el taoísmo) se distinguen precisamente por el humor y la sátira de sí mismos.

No hay diferencia alguna entre samsāra (mundo de maya y de la reencarnación dolorosa) y nirvana (iluminación y bienaventuranza), sólo cabe decir que la realidad es única y que sus dimensiones gozosa y sufriente, lúcida e ignorante, incondicionada y fragmentaria... se refieren a la experiencia humana diversa, no a ella misma.

Lo más alto es igual que lo más bajo detrás del escenario, y por ello todo merece respeto y compasión.
Tampoco hay que enzarzarse en vanas elucubraciones sobre la existencia y la no existencia, ahora y después de la muerte, sino apaciguar el espíritu ante lo que no tiene nombre. Quizá por eso el zen llega a las últimas consecuencias cuando renuncia a cualquier creencia, autoridad o formulación simbólica, lo que nada tiene de nihilismo, pues se trata de negarlo todo para afirmar lo único importante: vivir una vida corriente en los varios sentidos de la palabra (sencilla, que fluye, limpia y sin bloqueos), es decir, plena y sin mediaciones .
Como enseña el Tao Te Ching, la perfecta virtud consiste en vivir una triple unidad: consigo mismo, con la sociedad y con el absoluto.

PAISAJISMO Y ESTÉTICA EN CHINA

Hemos visto que en la espiritualidad china el sabio es aquel que vive cada momento de la realidad cambiante sin preguntarse acerca de ella, sino buscando una triple unidad: consigo mismo, con la sociedad y con lo absoluto.

Tanto en el Taoismo como en el Budismo o en el Zen, el oriental busca la naturalidad y la espontaneidad, por lo que desea mostrar la intrínseca belleza de los materiales naturales.

La función del arte es por tanto ocultar el arte, lo que trasladado al paisajismo supone que este es más un medio de alcanzar esa unidad con el Tao que un fin en sí mismo.

El vivir o quehacer estético será una percepción inmediata de la realidad en orden a sentirla o transmitirla a los demás.

El sabio busca absorber todo el universo en sí mismo tras un hondo vacío: la iluminación.

Se trata de hacer desaparecer al individuo como realidad distinta y disolverlo en la realidad total de la vida. La apreciación de los fenómenos estéticos debe hacerse pues desde la soledad, la austeridad y la autenticidad. La sensibilidad oriental pone su énfasis en la contemplación, y es precisamente en la relación del hombre con la naturaleza donde el arte oriental consigue su más alto rango.

Para reflejar el "li", principio rector de toda clase de seres, el artista trata de identificarse con su objeto, eliminando la distinción sujeto-objeto.

Pues el valor estético no reside en la emoción en torno al objeto ni en la que esta produce, sino en la unión con el objeto.

Dos conceptos están íntimamente ligados al concepto de paisaje en China: la unión del hombre con el Tao y el Centro, lugar cósmico donde tiene lugar dicha unión.

El centro se relaciona con el agua, en tanto que matriz y fuente primordial que nunca se agota, y con la montaña, espacio taoista donde moran los inmortales o "axis mundi".
El concepto de Tao se asemeja al concepto de Naturaleza en la filosofía y religión taoista, mientras que el concepto de Centro tiene una estrecha relación con el concepto de paisaje.
En definitiva, el paisajismo chino es una técnica de armonización de la vida del hombre, una disciplina orientada a su libertad y plenitud.

La concepción oriental del espacio integra tanto los espacios interiores como los exteriores.
El paisaje engendra emoción y la emoción engendra un paisaje mental, de modo que el paisaje real no es muy distinto del imaginado, pues ambos pertenecen a la esfera del sentimiento y la emoción.

PENSAMIENTO Y JARDINERÍA EN CHINA

Los chinos construían sus casas guiados por el ideal confuciano del hombre social y diseñaban sus jardines cuidadosamente para hacer de ellos un retiro informal para el taoista, el hombre natural. Por tanto, se consideraba que la jardinería era un pasatiempo filosófico muy respetable y la mayoría de los hombres instruidos la practicaban en mayor o menor medida.

En los jardines chinos se intenta representar de forma simbólica la visión taoista de una vida que se centra y se vive en armonía con el tao.

El primer precepto fundamental de la filosofía taoista es la relatividad de todos los atributos. Mientras que el tao mismo es uno, absoluto e incondicional, toda manifestación de éste en el mundo natural es relativa.

El tao es eterno e inmutable, mientras que sus manifestaciones temporales y cambiantes se encuentran en el ritmo de las estaciones y en una multitud de formas de la naturaleza.

Comprender las leyes de la naturaleza y vivir en armonía con el universo es el primer paso en el sendero del tao y, puesto que todos estos ritmos y armonías se duplican artificialmente en el jardín chino, éste sirve a un propósito filosófico: poner al hombre en contacto con su naturaleza interna, la_cual refleja las mismas tendencias.

Para lograrlo el hombre debe asumir una postura de subordinación ante la naturaleza, una actitud contemplativa, observando como si él fuera una parte insignificante de la escena natural.

Los jardines chinos hacen al hombre consciente de esta necesidad de estar en armonía con el orden natural y lo instruyen sobre sus patrones, en cambio constante.

Uno de los principales deberes de un jardinero es evocar en el visitante un sentimiento relacionado al cambio de las estaciones, dado que éste simboliza el curso de la vida (el tao): el gozo de la primavera, el resplandor del verano, la melancolía del otoño y el frío del invierno.

Según la tradición del yin y el yang, el universo se compone de cinco elementos: la madera, relacionada con la primavera, con el este, el amanecer y la mañana; el fuego, correspondiente al verano, el sur, el calor y el día; la tierra, asociada con el centro; el metal, vinculado con el otoño, el oeste, el ocaso y la tarde; y el agua, relacionada con el invierno, el norte, el frío y la noche.

Estos cinco elementos se representan en el jardín chino. El elemento tierra se representa en colinas e islas; el agua en estanques y cascadas; el fuego en las flores; la madera en los árboles, en el viento que mece las ramas de los árboles y esparce los pétalos de las flores, y el metal en las piedras.
El objetivo del taoísmo es volverse uno con estos patrones eternamente cambiantes y así superar el miedo y la incertidumbre. Al reducir la grandiosa naturaleza a una escala menor, los jardineros chinos buscaban reproducir las armonías y los sutiles ritmos que reflejan las mutaciones del esquema cósmico, el tao o el Camino. Por ello, para los chinos el jardín es un refugio, un lugar que dedican a la contemplación y a la meditación, una representación artística y contemplativa de su filosofía de vida.
Por todas estas razones, el simbolismo siempre está presente en el jardín, ya sea mediante piedras, charcas o la disposición de los árboles.

El objetivo primordial de un jardín era transmitir diversos sentimientos. Cada jardín debe tener un carácter propio que lo distinga de los demás. Esto no depende tanto de su distribución técnica y lógica como de la impresión que genera en sus espectadores.

Un jardín no es meramente una copia de un paisaje, sino una reproducción refinada del mismo.

Los jardines chinos se dividen en escenas, cada una de las cuales tiene un punto de observación marcado con un asiento o algún tipo de construcción. Estos jardines se descubren escena a escena, cada una lleva a la otra, del mismo modo en que la naturaleza se revela a sí misma poco a poco, momento a momento, y no se la puede mirar desde un único punto de vista.

El arte del paisajismo en China está estrechamente relacionado con la música, la pintura y la poesía. El jardinero, como un pintor o un músico, crea una serie de impresiones, unos cuantos destellos de reflexión o intuición sobre los misterios de la vida y la naturaleza.

Los conceptos esenciales que un jardín chino debe transmitir son el espíritu de la vida, el equilibrio de contrastes y fuerzas, ritmo y armonía.

En la jardinería china, un paisaje que evoque alegría debe contrastar con algo terrible, como una roca elevada que amenace con desplomarse en cualquier momento.

Los chinos admiran la diversidad de formas y la extravagante irregularidad de sus jardines: como dicen, en la naturaleza no hay monotonía sino movimiento.

En China, la pintura de paisajes y la poesía siempre han estado ligadas a la jardinería, tanto que se pensaba que las tres artes eran interdependientes, y para cada una se requería conocimiento sobre las otras. Los chinos decían que en el diseño de un jardín, el pincel debía guiar a la pala.

Así como los pintores, los arquitectos chinos debían tener en cuenta la perspectiva, las luces y las sombras durante su proceso. Los senderos y arroyos sinuosos se disponían de tal forma que el espectador no pudiera ver sus extremos y de este modo el jardín diera la impresión de ser infinito. Colocaban las rocas de mayor tamaño en primer plano y las pequeñas, en segundo, para dar una sensación de profundidad.
Plantaban árboles en macizos para representar un bosque, los árboles ubicados en el primer plano se podaban, a diferencia de los del fondo, que crecían libremente.

El objetivo principal de un arquitecto chino era estudiar los contornos de la tierra y encontrar algún punto central en donde todas las escenas menores que conforman un jardín pudieran verse en un panorama global.

Los tres principales elementos de un jardín chino son el agua, las piedras y las construcciones.
En chino, paisaje se dice Shan Shui, que literalmente significa montaña-agua.
Las rocas y el agua simbolizan los principios que constituyen a la naturaleza, el yin y el yang.

Originalmente, la palabra yang significaba luz del sol, o lo relativo al sol y a la luz, mientras que yin significaba ausencia de luz, es decir, sombra u oscuridad.

El yang es la fuerza activa, el principio masculino, representado por el sol, la luz y las montañas.

El yin es la fuerza pasiva, el principio femenino, representado por el agua, la oscuridad y la negación.

El hombre sólo puede alcanzar la armonía entre alma y cuerpo si logra el equilibrio entre las fuerzas yin y yang. Únicamente si entabla una verdadera relación con la naturaleza, que supone un sometimiento total a su orden, podrá ser partícipe de su armonía y de ésta aprender a encontrar la armonía en sí mismo.

El jardinero ideal debe interpretar la ley del yin y el yang, que es la ley del tao (la esencia de la naturaleza) y transmitirla a quien visite su jardín.

Las rocas son fundamentales para un jardín, pues representan al elemento más permanente del mundo natural y evocan eternidad… sobre todo, desde el punto de vista artístico, otorgan grandiosidad, majestuosidad, rusticidad y singularidad.

Las piedras simbolizaban la fuerza de la vida y representan el yang, el principio masculino activo.

A los chinos les fascinaban las piedras poco comunes, que importaban para sus jardines. ". Estas piedras generalmente se perforaban en forma irregular.

El agua es el segundo elemento esencial de un jardín chino.

Se le considera como el alma del jardín y siempre está relacionada con las piedras, puesto que representa el yin, el principio pasivo que equilibra al yang, el principio activo.

El agua actúa como las venas y las arterias de las montañas. En un jardín chino siempre hay arroyos y lagos, grandes o pequeños, según el tamaño de la propiedad, y si tienen las dimensiones suficientes, pueden contener una o más islas siendo posible llegar a ellos ya sea a través de un puente o de un camino construido con piedras rectangulares planas o de piezas de madera colocadas en ángulo para formar un zigzag a través de la esquina del lago.

En China las plantas se asocian con diferentes sentimientos. Los árboles más populares son los sauces, los pinos, los melocotoneros, los ciruelos y los bambúes.

El sauce representa la gracia porque sus ramas, suaves y delgadas, se mecen con la facilidad, la elegancia y el ritmo de las mangas de una niña bailando; por eso es símbolo del yin, el principio femenino. El pino encarna la robustez, la dignidad y la majestuosidad de un anciano sabio, es un

ejemplo de cómo envejecer con gracia, denota integridad y el poder para resistir los golpes de la adversidad; ejemplifica el yang, el principio masculino.

El melocotonero en flor anuncia la llegada de la primavera y la renovación de la vida, por lo que es emblema de inmortalidad; además, ocupa un sitio especial junto a la puerta, donde puede traer inmortalidad a la familia.

El ciruelo, una planta de invierno que florece al principio del año, cuando el suelo aún está nevado, alude a la fortaleza, al yang. El bambú es otro árbol que se asocia con el yin, pues representa las virtudes de la amabilidad, la humildad, la sabiduría y la serenidad. debido a que con la edad se fortalece, es un símbolo de una vida larga y saludable.

Las flores también son importantes por su simbolismo y porque sus cambios marcan la progresión de las estaciones, de tal modo que se eligen para el jardín de acuerdo a la época del año:

En primavera, peonías y flores de melocotonero y de ciruelo.

La peonía, considerada la reina de las flores, alude a la riqueza y el honor.

En verano las orquídeas, las magnolias y las flores de loto.

La orquídea es llamada "la favorita del rey" y se utiliza para representar cultura, refinamiento y nobleza de carácter. La magnolia sugiere la fragancia de la virtud, mientras que el loto es un emblema de verdad y pureza. La flor más importante del otoño es el crisantemo, que resiste las heladas y simboliza la fidelidad y la longevidad.

Finalmente, en invierno está la gardenia, que representa el encanto grácil, así como el bambú perenne y los primeros cerezos, ciruelos y melocotoneros en flor.

Otra característica típica de los jardines chinos, junto con las plantas, las piedras y el agua, son las edificaciones distribuidas por los terrenos. Todos los pabellones tenían como objetivo animar una escena en particular, propiciar el descanso en algún punto de observación especial o mostrar el jardín a la luz de las diferentes horas del día.

Las construcciones son parte integral del jardín, por lo que deben estar en perfecta armonía con la naturaleza y evitar, en la medida de lo posible, el formalismo y la regularidad.

Por eso, las puertas y ventanas, que por lo general se prestan al tratamiento formal de líneas y ángulos rectos, en el jardín chino asumen la forma de una hoja, de un florero o de la luna.

Incluso columnas y muros, cuya regularidad es inevitable porque no es posible eliminar las líneas rectas, se tornan irregulares gracias a lujosas decoraciones, trabajos de yesería y tallas, detalles arquitectónicos que también guardan un cuidadoso equilibrio con las obras de la naturaleza.

CONCLUSIONES

Tal y como nos proponíamos al inicio del trabajo, hemos visto como el jardín chino responde
a una finalidad de índole espiritual, la unión con el Tao, para la que se utilizan una serie de recursos naturales, artificiales, estéticos y escénicos.

Una mera descripción técnica o historiográfica del jardín chino, aunque posible, no nos permitiría nunca captar el complejo universo de ideas y valores que subyace detrás.

Es necesaria una aproximación multidisciplinar, en el sentido de considerar otras ramas del saber como la filosofía, la teoría del arte, la historia de las religiones, etc. para tener una cabal comprensión de estas obras de arte.

BREVE DICCIONARIO

De	virtud
Dong-Tian	caverna-paraíso
Fang	kiosco flotante
Ge	torre-biblioteca
Gong	dominio o perfección
Guan	vista
Guan	caverna, monasterio
Ji	recuerdo, evocación
Jing	paisaje, vista
Jingjie	estado mental
Karma	consecuencias de nuestros actos
Kong Tong	montaña-caverna
Lai	terraza
Lan	camino
Lou	torre-residencial
Nirvana	iluminación
Maya	realidad aparente
Mingtang	palacio
Qi	fuerza, vitalismo
Qing	emoción
Quiang	muro de cerramiento
Quiao	puente
Samsara	reencarnación
Shan shui hua	pintura de montaña y agua
Shan shui	paisaje, montaña-agua
Shen si	pensamiento espiritual
Shi	sustancia pintada
Ta	pagoda
Te	energía, eficacia del tao

Tai	plataforma
Tao	lo absoluto, estado primordial del universo
Tang	pabellón de ancianos venerables
Tian	cielo, paraíso
Ting	kiosco
Wuwei	abstención de acciones finalistas
Xie	pequeño gabinete
Xu	vacío
Yijing	estado iluminado
Yin yang	dualismo integrador
Yu	mirada sobre el paisaje
Zhai	lugar destinado al culto o meditación
Zhen	realidad interior
Ziran	aceptación de la realidad tal como viene

BIBLIOGRAFÍA

CLARAMONTE ARRUFAT, Jordi, *Arte de Contexto*,Donostia, Ed.Nerea, 2010

CLARAMONTE ARRUFAT, Jordi, *La República de los Fines*, Murcia, Ed. Cendeac, 2011

TATARKIEWICZ, Wladislaw, *Historia de Seis Ideas*, Ed. Tecnos, Madrid, 2001

CHENG, François, *Vacío y Plenitud*, Ed. Siruela, Madrid, 2008

CHENG, François, *Cinco meditaciones sobre la Belleza*, Ed. Siruela, Madrid, 2006

ESPINOSA RUBIO, Luciano, *El Sentido de lo religioso en Oriente, Fragmentos de Filosofía n.º 8*,
2010, pp 103-120

GRANZIERA, Patricia, *El Taoísmo y el Arte de la Jardinería China, Estudios de Asia y África*, 2009, XLIV.

GABALDÓN GUZMÁN, Jorge, *El jardín chino a través de William Chambers*, TFG, UPM, 2018

Fotografías
Obtenidas en Internet, imágenes sin copyright de libre disposición

FOTOGRAFÍAS

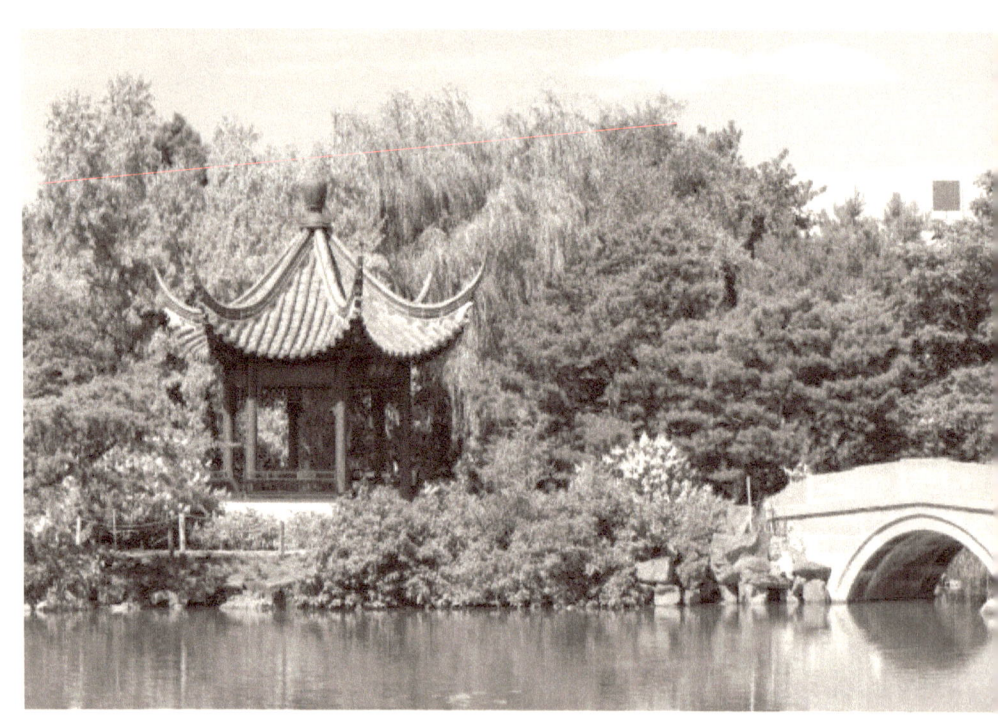

El Pabellón del infinito placer

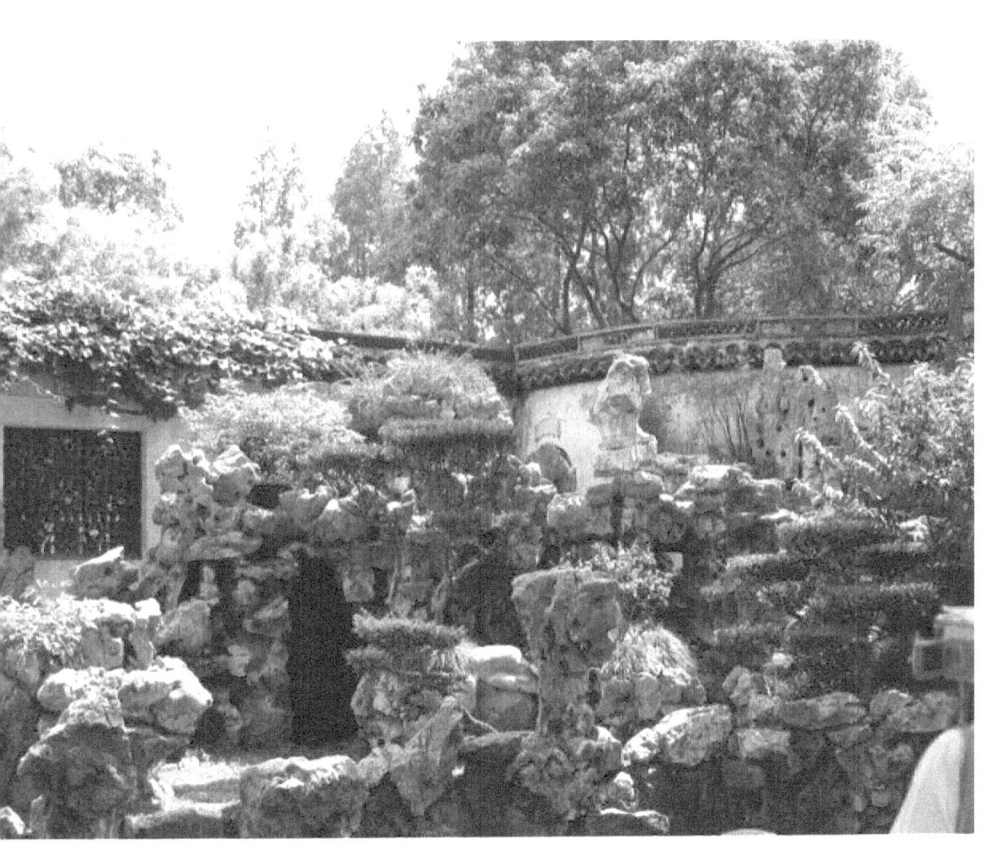

Jardín de Yuyuan

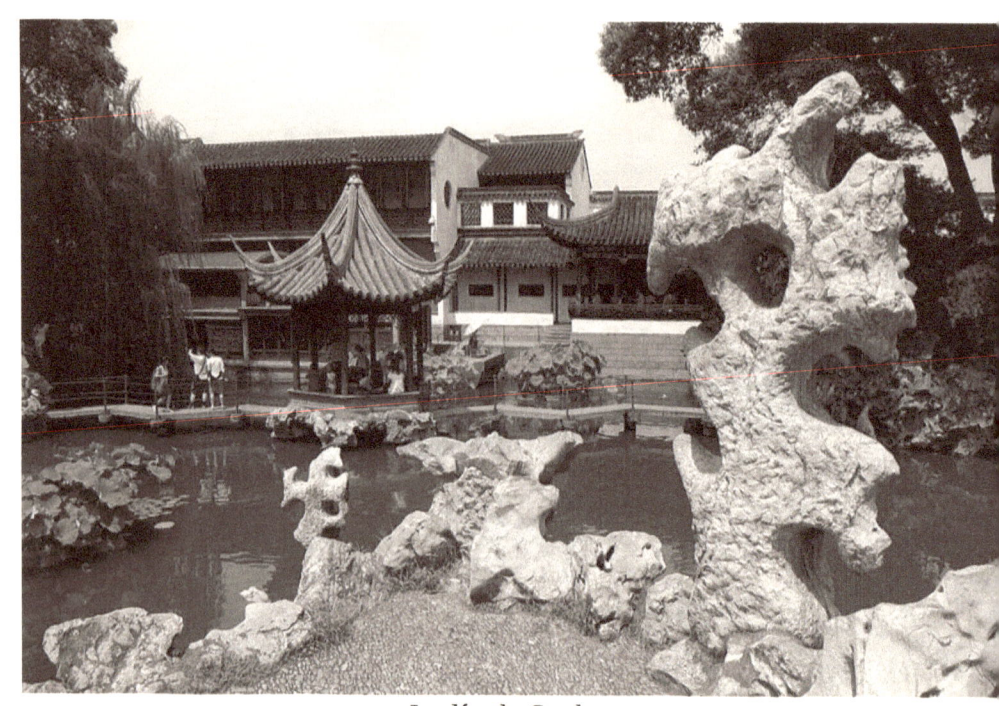

Jardín de Suzhou

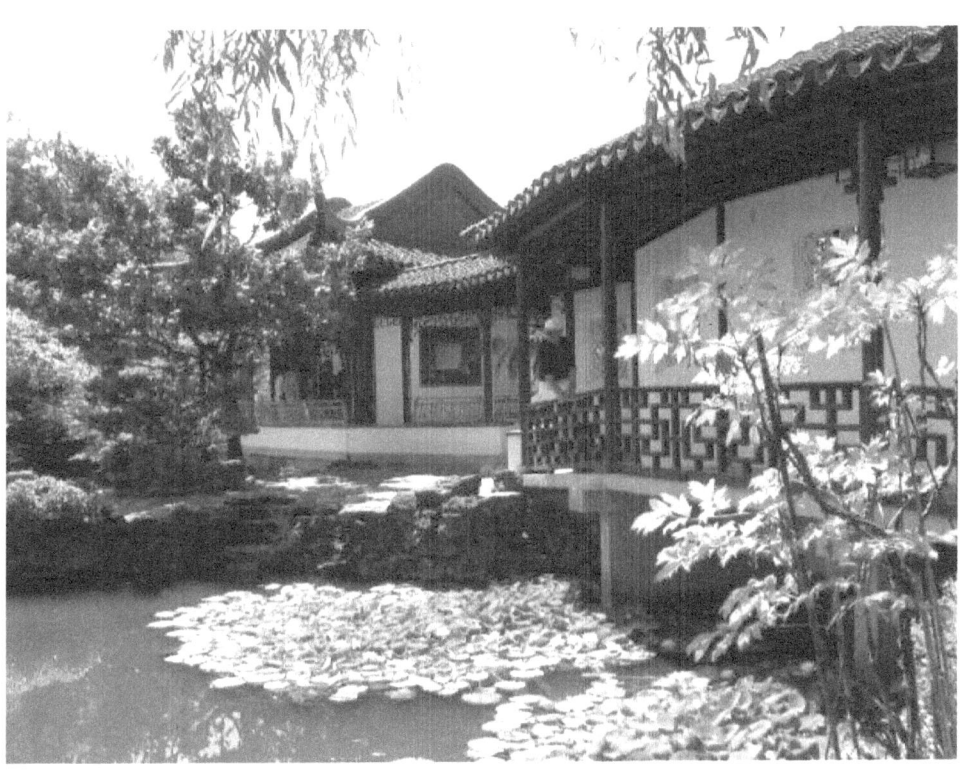

Jardín de letrado

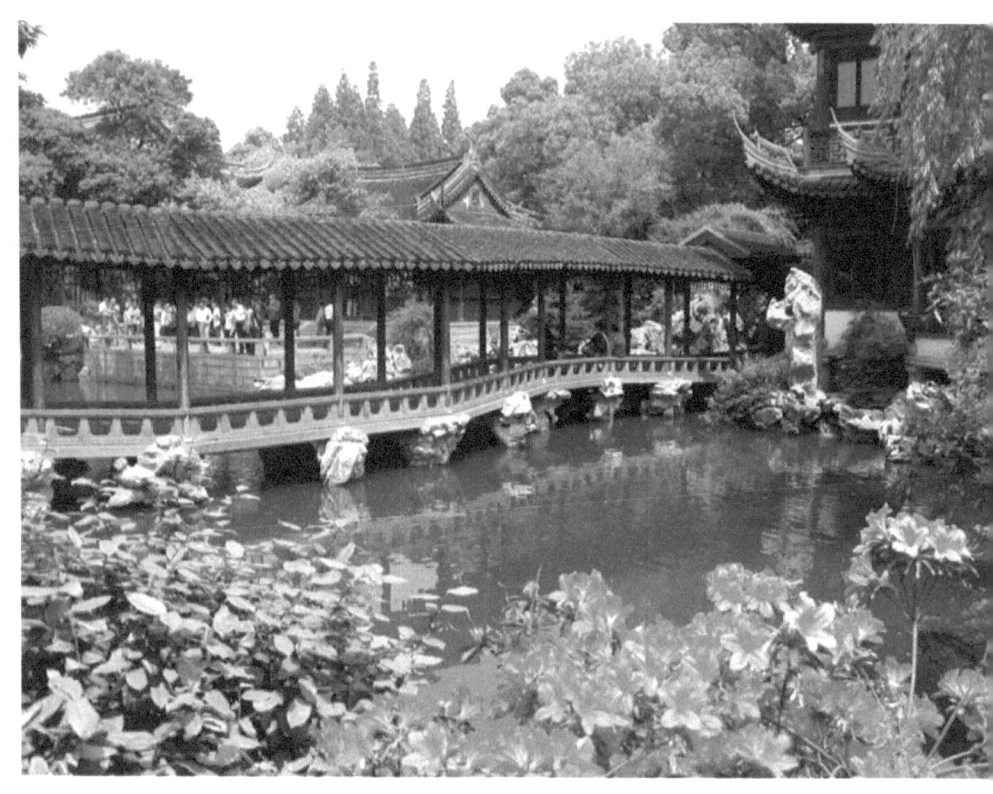

Jardín de Yuyuan

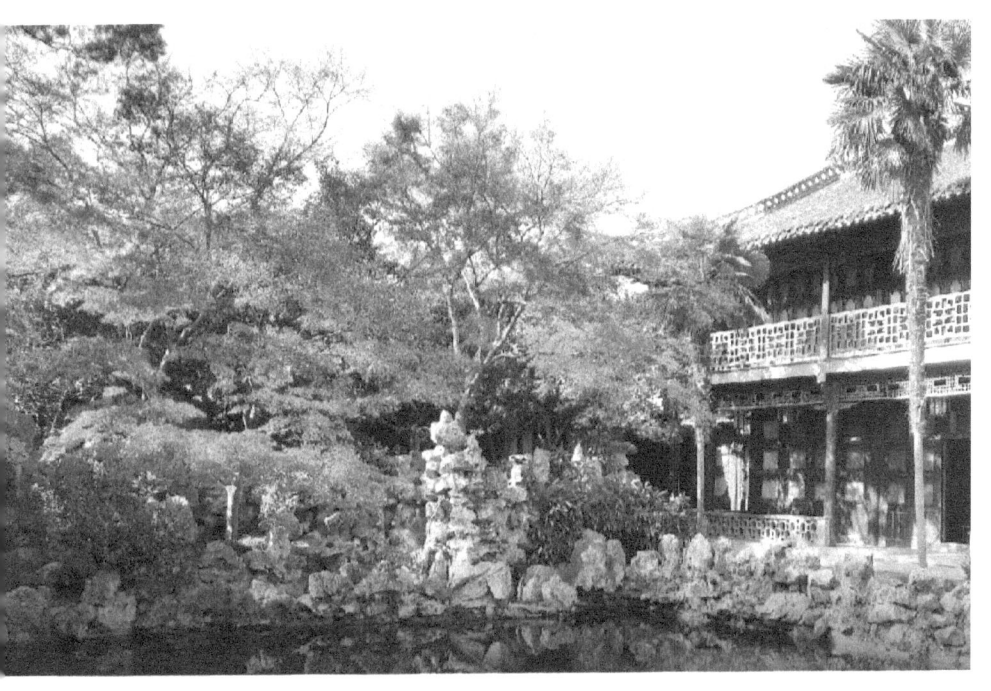

Jardín de la familia Ho

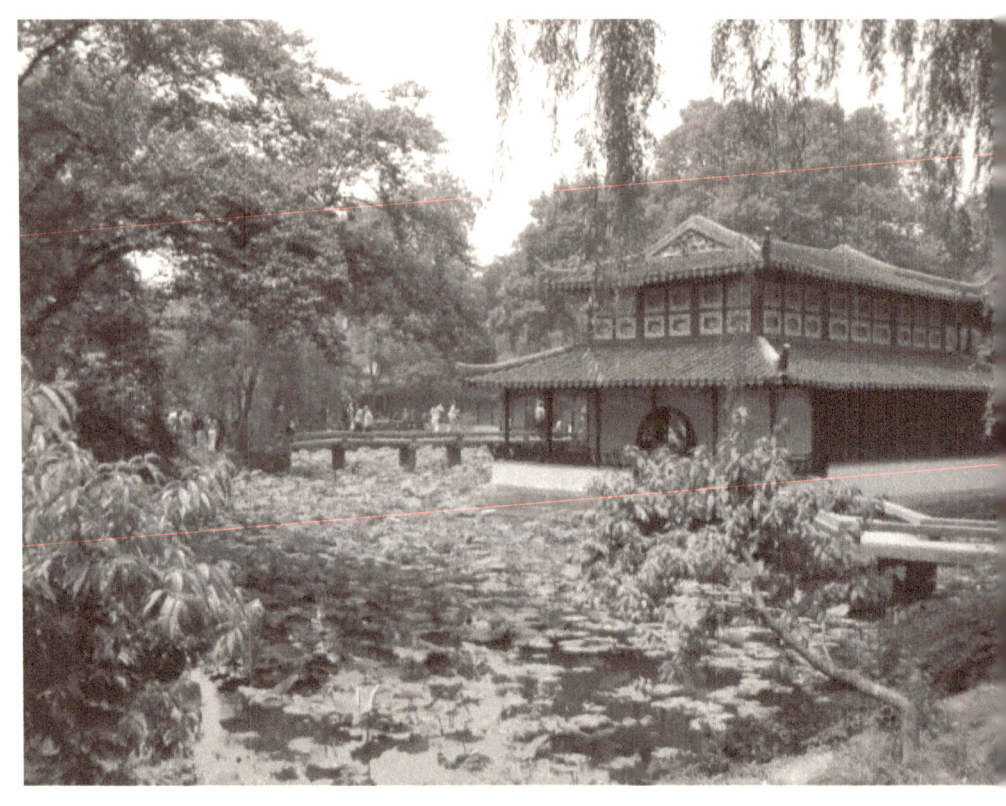

Jardín del Administrador

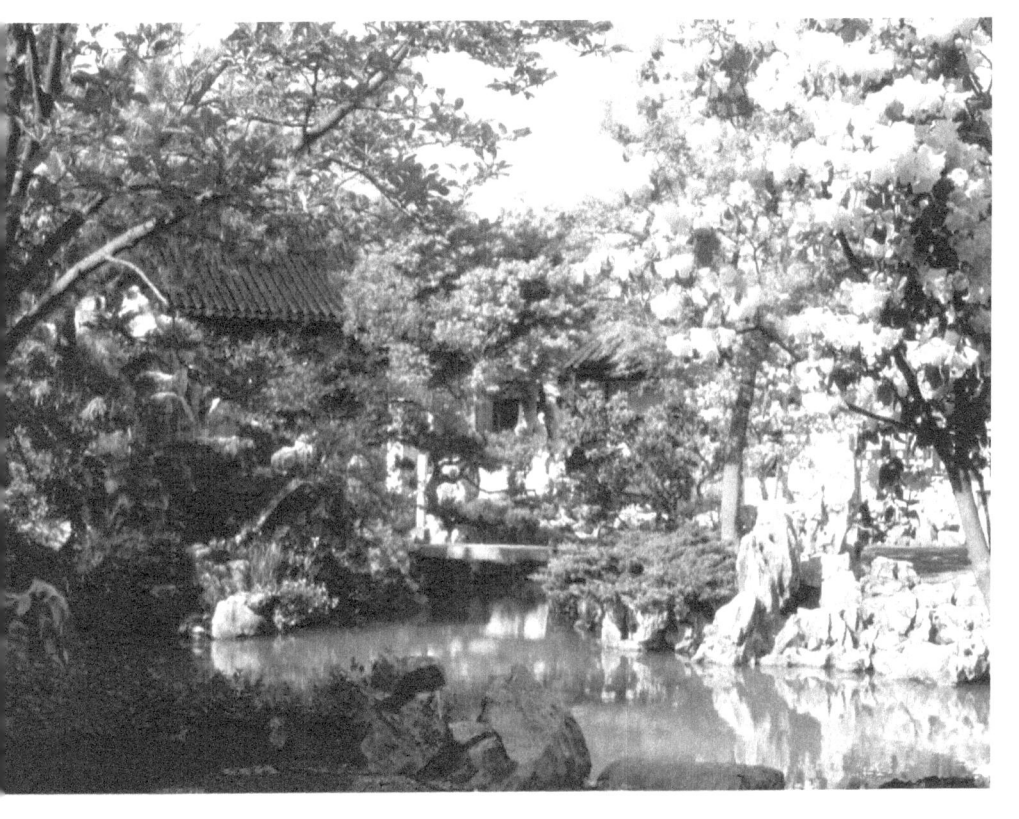

Jardín chino

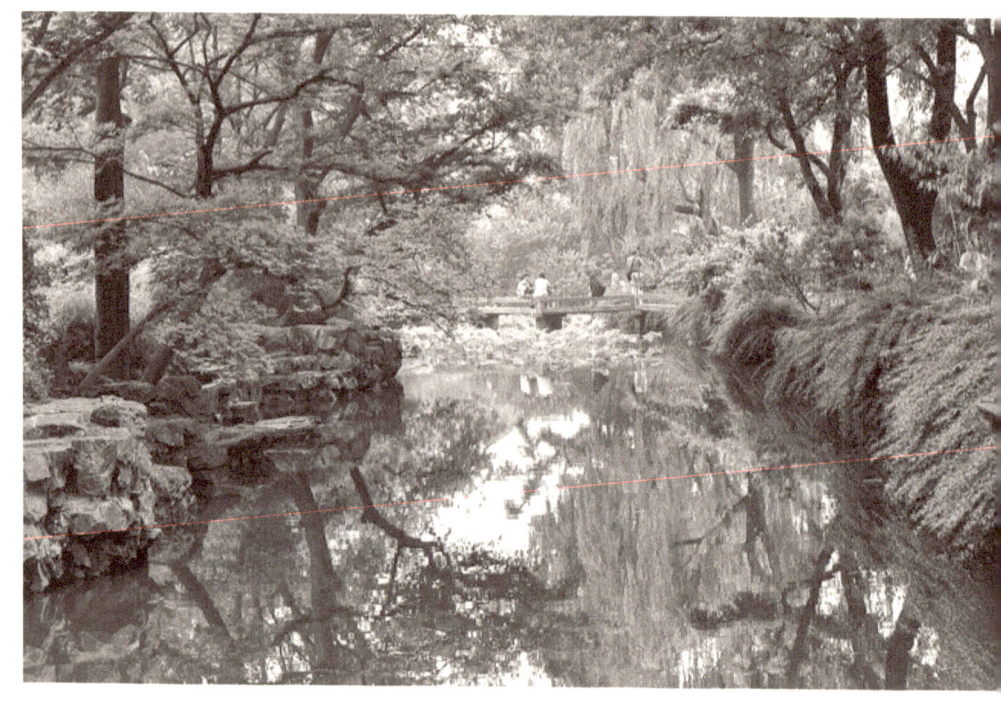

Jardín chino

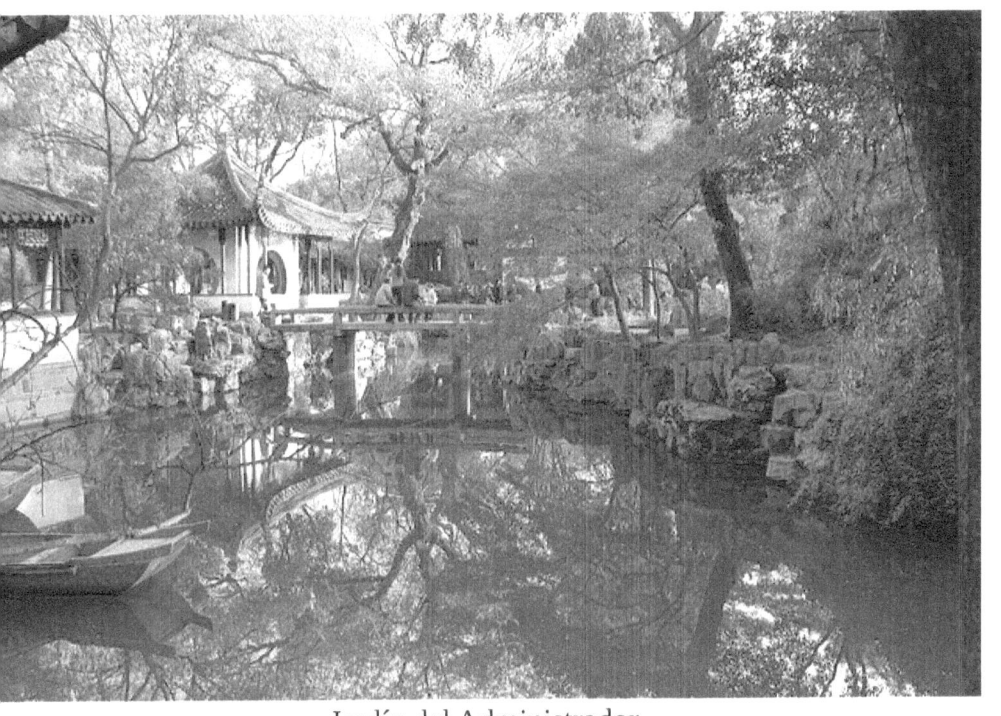

Jardín del Administrador

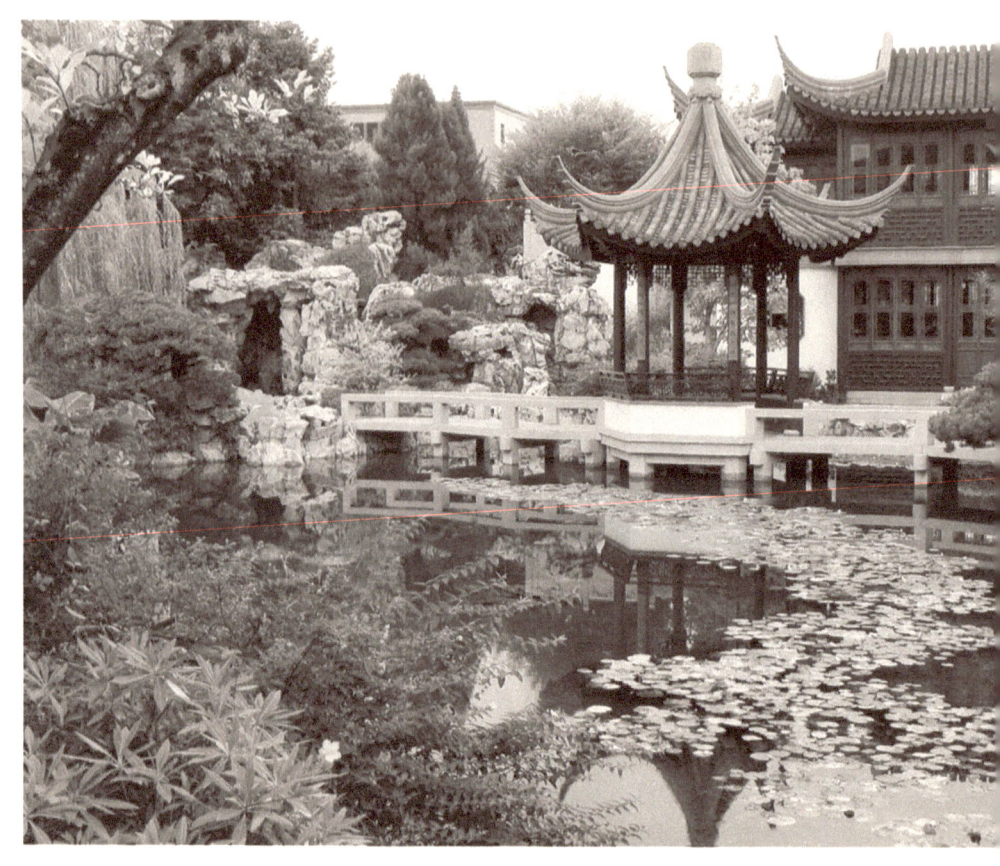

Jardín chino

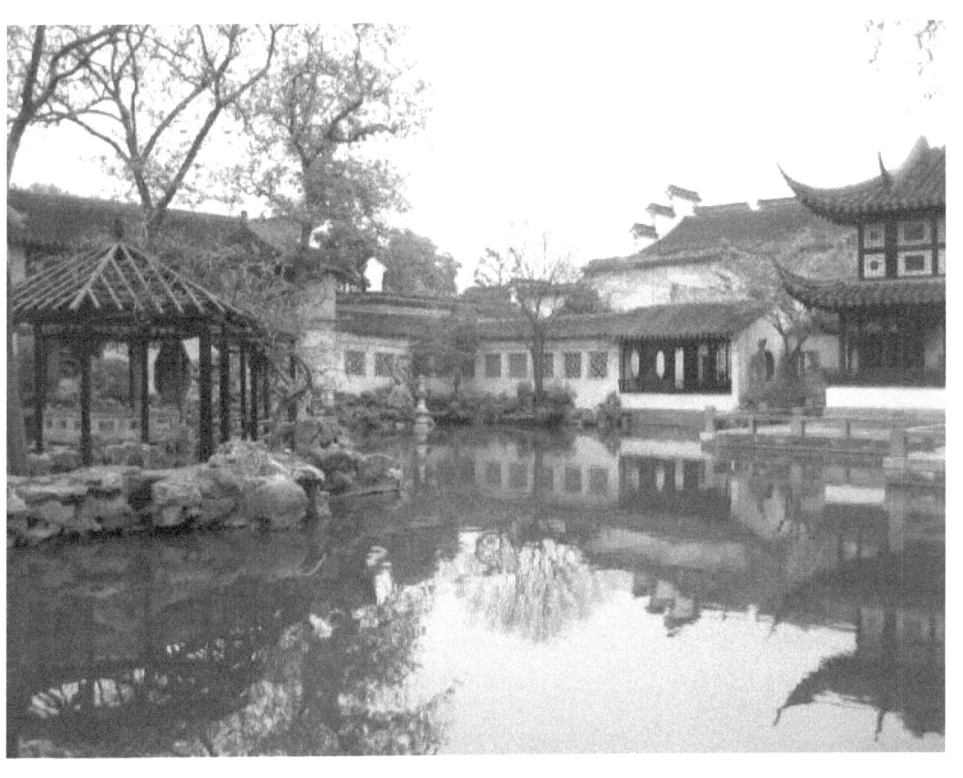

Jardines de Lingering

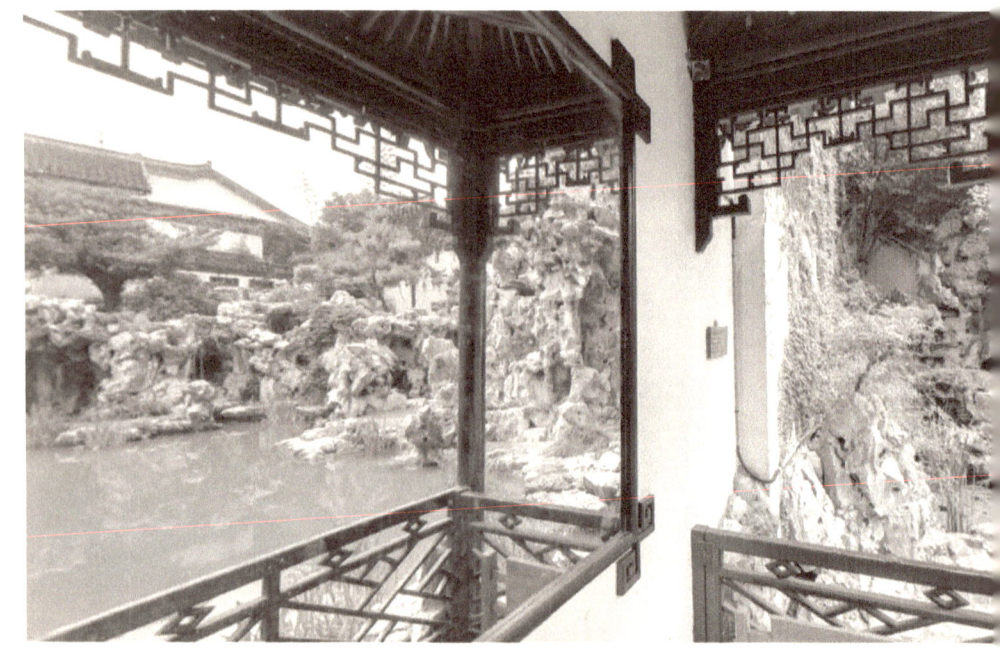

Jardines de la Familia Ho

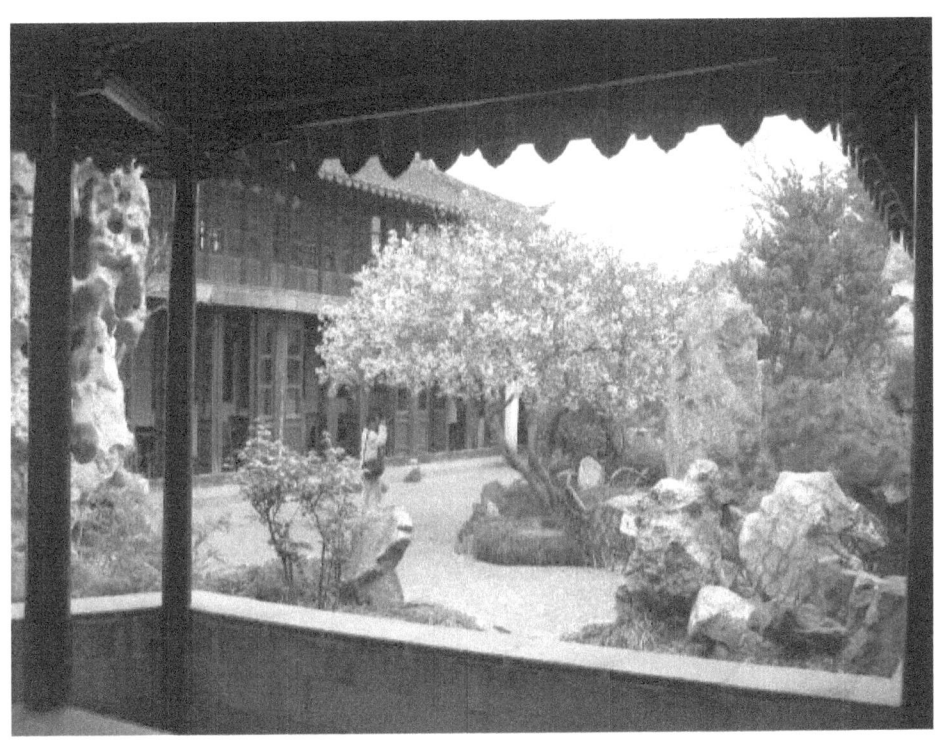

Jardines Lingering

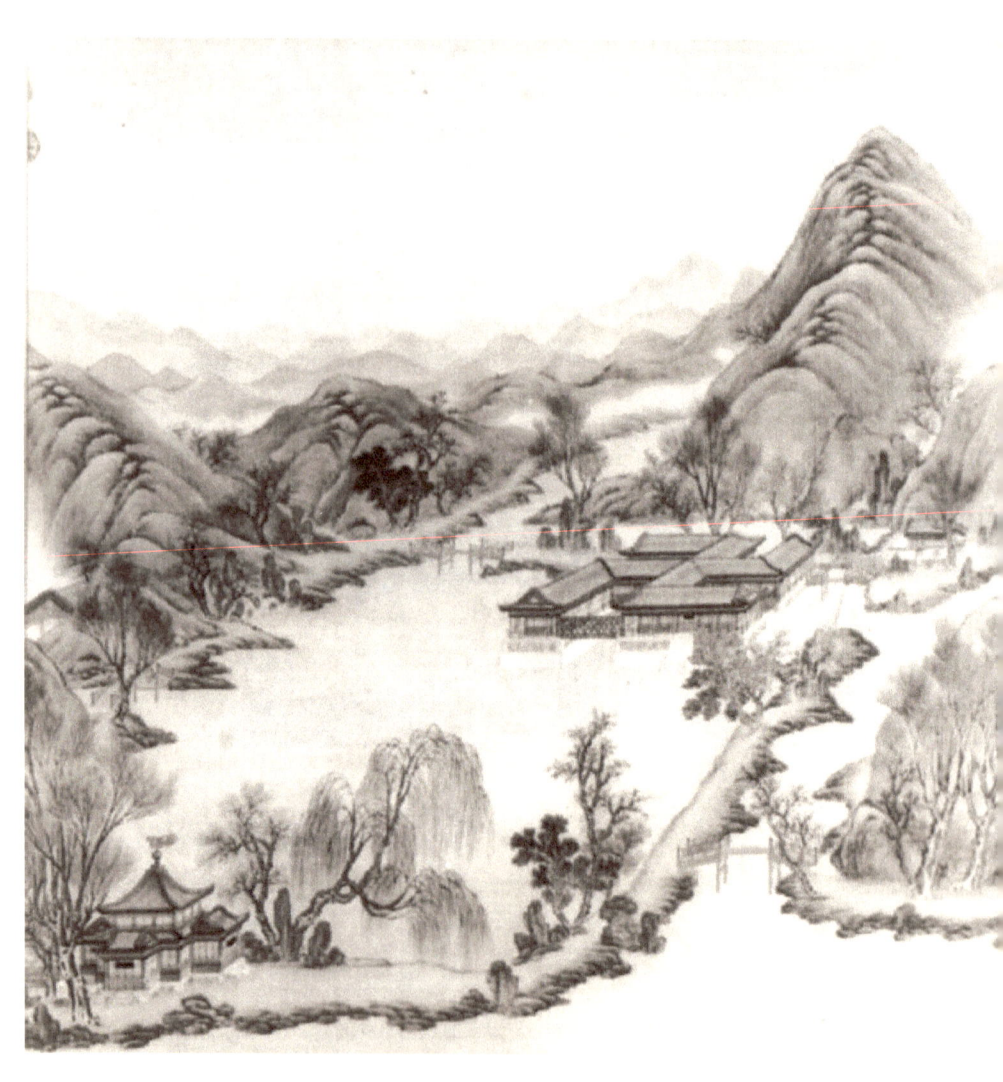

Palacio de Verano de Yuanmingyuan

Si este ebook te ha resultado útil, te agradecería pusieras una valoración positiva. Sé que da pereza valorar después de una compra pero es muy importante para mí ya que me ayudas a ganar visibilidad. Tanto Google como Amazon saben que las opiniones son una medida de valor que ayudan a posicionar un ebook que compite con miles de libros.